中等职业学校电子商务专业教材

电子商务会计习题册

曾永铭　主编

中国劳动社会保障出版社

简介

本习题册为中等职业学校电子商务专业教材《电子商务会计》的配套习题册。

本习题册题型设计多样，包括填空题、单选题、判断题、简答题、实践题等，力求充分体现教材的重点和难点，使学生能够掌握电子商务会计的知识和技能，并具有解决实际问题的能力。

本习题册由曾永铭主编。

图书在版编目（CIP）数据

电子商务会计习题册 / 曾永铭主编. -- 北京：中国劳动社会保障出版社，2024. --（中等职业学校电子商务专业教材）. -- ISBN 978-7-5167-6528-9

Ⅰ. F715.51-44

中国国家版本馆 CIP 数据核字第 2024220Y9K 号

中国劳动社会保障出版社出版发行

（北京市惠新东街 1 号 邮政编码：100029）

*

三河市潮河印业有限公司印刷装订 新华书店经销

787 毫米 ×1092 毫米 16 开本 4.75 印张 90 千字

2024 年 8 月第 1 版 2025 年 12 月第 2 次印刷

定价：10.00 元

营销中心电话：400-606-6496

出版社网址：http://www.class.com.cn

http://jg.class.com.cn

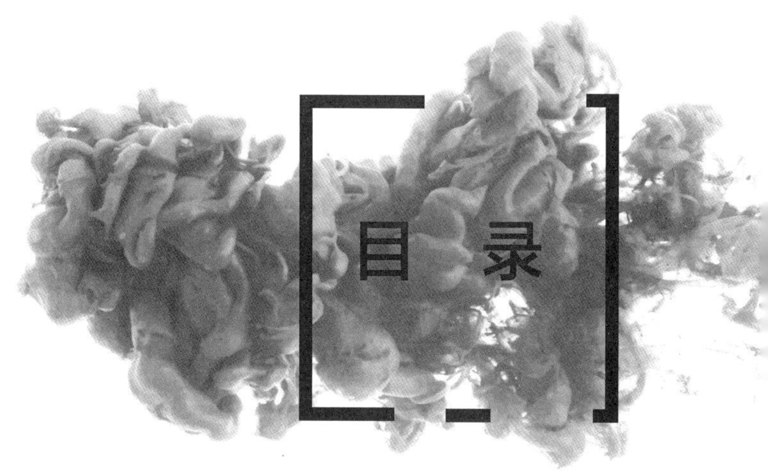

目录

模块一　电子商务企业会计基础

模块二　电子商务企业资金筹集的账务处理

模块四　电子商务企业运营收入的账务处理

模块五　电子商务企业商品流通费用和税金的账务处理

模块六　电子商务企业利润的账务处理

模块七　电子商务企业财务报表

模块一
电子商务企业会计基础

学习单元一　电子商务企业与会计

一、填空题

1. 电子商务企业是通过网络进行生产、______________和____________的企业。

2. 购进、____________、运输、____________是流通过程中的四个基本环节。

3. 会计是以__________为主要计量单位，以__________为依据，采用专门的方法和程序，对一个单位的经济活动进行完整、连续、系统的核算和监督，旨在为单位提供经济信息和提高经济效益的一项管理活动，是________的重要组成部分。

4. 会计核算职能是指会计以货币为主要计量单位，通过对特定主体的经济活动进行确认、计量、报告，如实反映特定主体的财务状况、_________和_________等信息。

5. 会计监督职能是指会计人员在进行会计核算的同时，对特定主体经济活动的____________、____________进行审查。

二、单选题

1. 会计主要采用的计量单位是（　　）。

A. 实物　　B. 劳动

C. 货币　　D. 工时

2. 一般情况下，下列不属于电子商务企业所进行的活动的是（　　）。

A. 对经营的商品进行深度加工

B. 对经营的商品进行展示

C. 对经营的商品进行储运

D. 销售商品时采用电子支付方式

3. 会计基本职能除了会计核算外，还有（　　）职能。

A. 节税　　　　B. 经济前景预测

C. 未来业绩评价　　　　D. 会计监督

4.（　　）是商业企业利润的基本形式和最主要的组成部分。

A. 级差利润　　　　B. 让渡利润

C. 转移利润　　　　D. 管理利润

三、判断题

1. 针对会计科目和账户的设置、复式记账、填制会计凭证、登记会计账簿、成本计算、财产清查和编制财务会计报告等会计行为，国家有统一的会计制度的要求。（　　）

2. 在会计核算过程中，其主要的工作程序是填制和审核凭证、登记账簿和编制会计报表。（　　）

3. 货币计量为会计核算提供了必要的手段。（　　）

4. 会计核算应当以货币作为唯一的计量单位。（　　）

5. 会计的目的是向企业内部会计信息使用者提供有用的信息，帮助使用者做出决策。（　　）

四、简答题

1. 简述电子商务企业的特征。

2. 简述会计核算的一般流程。

学习单元二　会计要素

一、填空题

1. 会计要素按照其性质分为资产、负债、所有者权益、__________、__________和利润。

2. 所有者权益是指企业资产扣除____________后由所有者享有的剩余权益。

3. 所有者权益包括实收资本（或股本）、资本公积、____________和未分配利润。

4. 收入包括销售商品收入和____________收入。

5. 费用是指企业在日常活动中发生的、________________、与向所有者分配利润无关的经济利益的总流出。

二、单选题

1. 现金、应收账款、存货、机器设备等属于会计要素中的（　　）要素。

A. 资产　　B. 负债

C. 所有者权益　　D. 费用

2. 下列属于负债内容的是（　　）。

A. 预付账款　　B. 预收账款

C. 实收资本　　D. 投资收益

3. 未分配利润属于会计要素中的（　　）要素。

A. 负债　　B. 所有者权益

C. 收入　　D. 利润

4. 营业成本属于会计要素中的（　　）要素。

A. 资产　　B. 负债

C. 收入　　D. 费用

5. 下列不属于流动资产项目的是（　　）。

A. 银行存款　　B. 应收账款

C. 存货　　D. 无形资产

6. 收入是指企业在日常生产经营活动中形成的、会导致所有者权益增加的、与所有者投入资本无关的（　　）。

A. 经济利益的总流出　　B. 经济利益的总流入

C. 生产费用　　D. 经济损耗

7. 下列不属于企业资产的是（　　）。

A. 商誉　　B. 预付的货款

C. 经营租入的设备　　D. 融资租入的设备

8. 某资产类科目的本期期初余额为 5 600 元，本期期末余额为 5 700 元，本期的减少额为 800 元，则该科目本期增加额为（　　）元。

A. 700　　B. 900　　C. 1 600　　D. 12 100

三、判断题

1. 收入、费用、所有者权益要素侧重于反映企业的经营成果，称为动态会计要素。（　　）

2. 资产是一种经济资源，具体表现为具有各种实物形态的财产。（　　）

3. 资产与权益是同一事物的两个方面，两者在数量上必然相等。（　　）

4. 预计在超过 1 年的一个正常营业周期内清偿的债务属于非流动负债。（　　）

5. 收入表现为企业资产的增加或负债的减少，或者两者兼而有之。从“资产 = 负债 + 所有者权益”平衡公式来看，收入的上述表现将引起企业所有者权益的增加。（　　）

6. 投资者投入的资金应属于企业资产。（　　）

7. 当企业本期收入大于费用时，表示企业取得了盈利，最终导致企业所有者权益的增加。（　　）

8. 企业接受投资者投入实物，能引起资产和所有者权益同时增加。（　　）

9. 权益即所有者权益，代表所有者对企业资产的要求权。（　　）

10. 企业应当严格区分收入和利得、费用和损失，以便全面反映企业的经营业绩。（　　）

四、简答题

1. 什么是会计要素?

2. 资产是如何分类的?

五、实践题

目的：练习会计要素分类。

要求：

（1）判断下表中各项目属于哪类会计要素，并将金额填入相应表格中。

（2）计算表内资产总额、负债总额、所有者权益总额是否符合会计基本等式。

项目	金额（元）		
	资产	负债	所有者权益
1. 银行存款 620 000 元			
2. 向银行借入半年期的借款 1 500 000 元			
3. 存放在出纳处的现金 1 500 元			
4. 仓库中存放的商品 519 000 元			
5. 应付外单位货款 60 500 元			
6. 向银行借入二年期的借款 600 000 元			
7. 房屋及建筑物 420 000 元			
8. 所有者投入资本 5 000 000 元			
9. 应收外单位货款 100 000 元			
10. 以前年度尚未分配的利润 250 000 元			
合计			

学习单元三　会计科目

一、填空题

1. 会计科目是对____________的具体内容，即会计要素，进行分类核算的项目。

2. 会计科目按其提供会计信息详细程度的不同，可分为总分类科目和__________ ____________。

3. ____________是复式记账的基础，也是编制记账凭证的基础，它不仅为成本计算和财产清查提供了前提条件，也为编制会计报表提供了方便。

4. ____________要求每一笔经济业务必须以相等的金额同时在两个或两个以上相互联系的账户中进行登记，以反映资金运动的来龙去脉。

二、单选题

1. 下列属于资产类会计科目的是（ ）。

A. 预收账款　　B. 利润分配

C. 预付账款　　D. 其他业务成本

2. 下列属于负债类会计科目的是（ ）。

A. 预收账款　　B. 本年利润

C. 主营业务收入　　D. 应收账款

3. 下列属于成本类会计科目的是（ ）。

A. 生产成本　　B. 销售费用

C. 管理费用　　D. 财务费用

4. 下列不属于损益类会计科目的是（ ）。

A. 资本公积　　B. 投资收益

C. 公允价值变动损益　　D. 资产减值损失

5. 下列不属于所有者权益类会计科目的是（ ）。

A. 实收资本　　B. 库存商品

C. 盈余公积　　D. 未分配利润

三、判断题

1. 所有的总分类科目下都必须开设明细分类科目。（ ）

2. 企业只能使用国家统一的会计制度规定的会计科目，不得自行增减或合并。（ ）

3. 合法性原则是指所设置的会计科目应符合国家统一的会计制度或会计准则的规定。（ ）

4. 相关性原则是指所设置的会计科目应为提供有关各方所需要的会计信息服务，满足对外报告与对内管理的要求。（ ）

四、简答题

1. 会计科目的作用是什么?

2. 简述电子商务企业设置会计科目的注意事项。

五、实践题

1. 目的：练习常用会计科目的分类。

要求：明确下列会计科目的类别，并用“√”在表内相应栏目标出。

会计科目	资产类	负债类	所有者权益类	成本类	损益类
银行存款	√				
实收资本					
材料采购					
周转材料					
制造费用					
应付账款					
应收账款					
生产成本					
库存商品					
主营业务收入					
主营业务成本					
短期借款					
固定资产					
累计折旧					

续表

会计科目	资产类	负债类	所有者权益类	成本类	损益类
库存现金					
财务费用					
利润分配					
盈余公积					
销售费用					
管理费用					
长期待摊费用					

2. 目的：练习会计科目名称及其分类。

要求：判断下表各项经济内容的科目名称及所属要素，并填入表内相应栏目。

序号	经济内容	会计科目	资产	负债	所有者权益
1	存放在出纳处的现金 1 500 元				
2	存放在银行的款项 243 500 元				
3	向银行借入三个月期限的临时借款 500 000 元				
4	仓库中存放的商品 1 165 000 元				
5	向银行借入一年以上期限的借款 450 000 元				
6	房屋及建筑物 1 400 000 元				
7	所有者投入资本 2 000 000 元				
8	应收外单位货款 140 000 元				
	合计				

学习单元四　设置账户

一、填空题

1. ____________是对会计对象的具体内容进行分类核算和监督的一种专门方法。

2. 会计科目是开设会计账户的依据，____________就是会计科目。

3. 按会计要素不同，可将账户分为资产类账户、____________、所有者权益类账户、成本类账户、____________等大类。

4. 总分类账户是根据总分类科目设置的，简称＿＿＿＿＿＿＿＿。

5. 简单格式又称＿＿＿＿＿＿＿＿或丁字账，使用该格式能够方便地将会计要素所发生的增减变动情况记录下来，并进行汇总、求和、轧差。

二、单选题

1. 在账户中相互联系地记录经济业务的专门方法是（　　）。

A. 复式记账法　　B. 登记账簿

C. 填制凭证　　D. 成本计算

2. 设置账户、复式记账与编制财务报表的理论基础是（　　）。

A. 会计要素　　B. 会计恒等式

C. 会计核算的原则　　D. 会计核算的前提条件

3. 下列经济业务能够引起负债减少，同时所有者权益增加的是（　　）。

A. 以银行存款还欠款　　B. 将应付股利转为股本

C. 以赊购方式购入材料　　D. 取得银行借款存入银行

4. 账户的借方登记（　　）。

A. 资产的增加　　B. 费用的减少

C. 所有者权益的增加　　D. 负债的增加

5. 在借贷记账法下，下列各账户本期增加的金额记入借方的是（　　）。

A. 银行存款　　B. 实收资本

C. 主营业务收入　　D. 长期借款

6. 下列账户与负债类账户结构相同的是（　　）类账户结构。

A. 资产　　B. 成本

C. 费用　　D. 所有者权益

7. 资产类账户的期末余额一般在（　　）。

A. 借方　　B. 借方或贷方

C. 贷方　　D. 借方和贷方

8. 所有者权益类账户的期末余额一般在（　　）。

A. 借方　　B. 借方或贷方

C. 贷方　　D. 无余额

三、判断题

1. 会计科目与账户反映的内容是一致的，因此两者之间并无区别。（　　）

2. 账户都是依据会计科目开设的。（　　）

3. 账户的余额方向一般与记录减少额的方向一致。（　　）

4. 账户的内容一般包括账户名称、日期和凭证编号、摘要、增加方、减少方。（　　）

5. 财务费用账户属于损益类账户。（　　）

6. 总账账户称为一级账户，总账以下的账户称为明细账户。（　　）

7. 在实际工作中，为了保证会计信息的真实与完整，企业必须依法设置并使用会计账簿。（　　）

四、简答题

1. 简述会计科目与账户的关系。

2. 会计账户有哪些类型?

五、实践题

目的：练习会计基本等式。

好购网络科技有限公司 20×× 年 4 月初的资产、负债和所有者权益情况见下表：

单位：元

资产	金额	负债及所有者权益	金额
资产：		**负债：**	
库存现金	2 000	应付账款	50 000
银行存款	26 000	应付职工薪酬	10 000
应收账款	28 000	流动负债合计	60 000
其他应收款	4 000	长期负债合计	0
库存商品	140 000	负债合计	60 000
流动资产合计	200 000	**所有者权益：**	

续表

资产	金额	负债及所有者权益	金额
固定资产	800 000	实收资本	800 000
非流动资产合计	800 000	盈余公积	100 000
		未分配利润	40 000
		所有者权益合计	940 000
资产总计	1 000 000	**负债及所有者权益总计**	1 000 000

4 月份，该公司发生下列经济业务。

（1）向 A 公司购入一批服装，计价 40 000 元，商品已验收入库，货款未付。

（2）以现金暂付职工刘涛差旅费 2 000 元。

（3）以银行存款偿还前欠甲公司货款 40 000 元。

（4）收到 B 单位投入资金 60 000 元并存入银行。

（5）收回 C 公司前欠货款 24 000 元并存入银行。

（6）从银行提取现金 2 000 元。

（7）以银行存款购入计算机一台，价值 40 000 元。

（8）以银行存款支付职工医疗保险费 10 000 元。

要求：将资产、负债和所有者权益各项目的 4 月初金额和月内增减变化的金额填入下表，同时计算出期末余额和合计数。

资产	月初金额	本期增加额	本期减少额	月末余额	负债及所有者权益	月初金额	本期增加额	本期减少额	月末余额
资产：					**负债：**				
库存现金					应付账款				
银行存款					应付职工薪酬				
应收账款					流动负债合计				
其他应收款					长期负债合计				
库存商品					负债合计				
流动资产合计					**所有者权益类：**				
固定资产					实收资产				
非流动资产合计					盈余公积				
					未分配利润				
					所有者权益合计				
资产总计					**负债及所有者权益总计**				

学习单元五　记账方法

一、填空题

1. 单式记账法是指对所发生的交易或事项，只在____________中进行记录的记账方法。

2. 我国会计准则规定，企业、行政事业单位一律采用__________。

3. 借贷记账法的记账规则为：____________，____________。

4. 会计分录是由应借应贷方向、____________及应记金额三要素构成的。

5. 资产类账户的借方登记资产的增加数，贷方登记资产的减少数，期初及期末余额一般在______。

6. ____________账户与负债及所有者权益类账户的结构基本相同，即借方登记收入的减少数以及期末转入“____________”账户的数额，贷方登记收入的增加数，期末结转后该类账户一般无余额。

二、单选题

1. 以银行存款偿还应付账款，可使企业的（　　）。

A. 资产与负债同时增加　　B. 资产与负债一增一减

C. 资产与负债同时减少　　D. 资产内部项目一增一减

2. 下列会计等式错误的是（　　）。

A. 资产 = 负债 + 所有者权益

B. 收入 − 费用 = 利润

C. 资产 − 费用 = 负债 + 所有者权益 + 收入

D. 资产 = 负债 + 所有者权益 + 收入 − 费用

3. 复式记账是对每一项经济业务的发生，都要在相互联系的两个或两个以上的账户中（　　）。

A. 连续登记　　B. 补充登记

C. 平衡登记　　D. 以相等的金额进行登记

4. 简单会计分录是指（　　）的会计分录。

A. 一借多贷　　B. 一借一贷

C. 一贷多借　　D. 多借多贷

5. 一个企业的所有者权益总额与（　　）总是相等。

A. 资产总额　　B. 负债总额

C. 净资产总额　　D. 权益总额

6. 正常情况下，一个会计科目的增加发生额与其期末余额应记在会计科目的（　　）。

A. 借方　　B. 贷方　　C. 相同方　　D. 相反方

7. 下列关于试算平衡的表述正确的是（　　）。

A. 说明每一个账户的借方数额一定等于贷方数额

B. 不一定说明账簿记录正确

C. 说明本期增加数一定等于本期减少数

D. 说明期初余额一定等于期末余额

8. 某企业月末在编制试算平衡表时，全部账户的本月贷方发生额合计为 6 万元，除应收账款外的本月借方发生额合计为 4.2 万元。下列关于“应收账款”账户的表述正确的是（　　）。

A. 本月贷方余额为 1.8 万元　　B. 本月借方余额为 1.8 万元

C. 本月借方发生额为 1.8 万元　　D. 本月贷方发生额为 1.8 万元

9. 发生额试算平衡法是根据（　　）确定的。

A. 借贷记账法的记账规则　　B. 经济业务内容

C. 资产 = 负债 + 所有者权益　　D. 经济业务类型

10. 下列关于会计分录的表述不正确的是（　　）。

A. 应借应贷方向、科目名称和金额构成了会计分录的三要素

B. 会计分录按涉及账户的多少，可以分为简单会计分录和复合会计分录

C. 复合会计分录是指由两个以上（不含两个）对应科目所组成的会计分录

D. 在实际会计工作中，最常用的会计分录为一借一贷和多借多贷分录

三、判断题

1. 某企业与供货单位签订了 10 万元的购货合同，因此可确认该企业资产和负债同时增加 10 万元。（　　）

2. “资产 = 负债 + 所有者权益”这个平衡式是企业资金运动的动态表现。（　　）

3. 在借贷记账法下，账户的借方表示增加，贷方表示减少。（　　）

4. 在借贷记账法下，可以设置资产、权益双重性账户。（　　）

5. 单式记账法的缺点是不能反映交易或事项的来龙去脉，不能进行试算平衡。（　　）

6. 可以运用试算平衡来检查账户记录是否正确。（　　）

四、简答题

1. 借贷记账法的规则有哪些?

2. 编制试算平衡表时，需要注意哪几个方面的问题?

五、实践题

目的：练习区分经济业务类型。

资料：好购网络科技有限公司 20×× 年 4 月发生经济业务如下。

1. 用银行存款购买化妆品。
2. 用银行存款支付前欠货款。
3. 用盈余公积转赠资本。
4. 向银行借入长期借款，存入银行。
5. 收到所有者投入设备。
6. 用银行存款归还前欠货款。
7. 将长期银行借款转为资本。
8. 借入短期借款，直接归还前欠货款。
9. 收回前欠货款，存入银行。
10. 用银行存款交纳上月税金。
11. 预收某单位货款并存入银行。
12. 购买材料，货款未付。
13. 将资本公积转为资本。
14. 公司宣告分派股利，尚未支付。

要求：分析上述经济业务的类型，将经济业务序号填入下表。

经济业务类型	经济业务序号
1. 一项资产增加，另一项资产减少	
2. 一项负债增加，另一项负债减少	
3. 一项所有者权益增加，另一项所有者权益减少	

续表

经济业务类型	经济业务序号
4. 一项资产增加，一项负债增加	
5. 一项资产增加，一项所有者权益增加	
6. 一项资产减少，一项负债减少	
7. 一项资产减少，一项所有者权益减少	
8. 一项负债减少，一项所有者权益增加	
9. 一项负债增加，一项所有者权益减少	

学习单元六　会计凭证

一、填空题

1. ____________是记录经济业务、明确经济责任的书面证明，也是登记账簿的重要依据。

2. 原始凭证又称____________，是指在经济业务发生或完成时取得或填制的，用于记录或证明经济业务的发生或完成情况的____________凭据。

3. 记账凭证又称记账凭单，是会计人员根据审核无误的____________编制的，用来记载经济业务的简要内容，确定会计分录并作为____________的依据。

4. 原始凭证不得随意涂改、刮擦、挖补，否则为____________。

二、单选题

1. 会计日常核算工作的起点是（　　）。

A. 设置会计科目和账户

B. 填制和审核会计凭证

C. 登记会计账簿

D. 财产清查

2. 在会计实务中，按照填制手续的不同，原始凭证可以分为（　　）。

A. 外来原始凭证和自制原始凭证

B. 收款凭证、付款凭证和转账凭证

C. 一次凭证、累计凭证和汇总凭证

D. 通用凭证和专用凭证

3. 按照（　　）分类，会计凭证分为原始凭证和记账凭证。

A. 填制程序和用途　　B. 来源

C. 填制方法　　D. 反映的内容

4. 下列会计凭证只需反映价值量的是（　　）。

A. 材料入库单　　B. 经济合同

C. 工资费用分配表　　D. 限额领料单

5. 外来原始凭证的金额有错误时，以下做法正确的是（　　）。

A. 由出具单位重开

B. 由出具单位更正并加盖出具单位印章

C. 由接收单位更正并加盖接收单位印章

D. 由经办人员更正并加盖经办人员印章

6. 用于记录库存现金和银行存款收款业务的会计凭证是（　　）。

A. 收款凭证　　B. 付款凭证

C. 转账凭证　　D. 单式凭证

7.（　　）指明了应借应贷的会计科目和金额，是登记账簿的直接依据。

A. 原始凭证　　B. 记账凭证

C. 一次凭证　　D. 累计凭证

8. 对于将库存现金送存银行的业务，会计人员应编制的记账凭证是（　　）。

A. 库存现金付款凭证

B. 银行收款凭证

C. 库存现金付款凭证和银行收款凭证

D. 转账凭证

9. 下列选项中，不属于记账凭证审核内容的是（　　）。

A. 凭证是否符合有关的计划和预算

B. 会计科目使用是否正确

C. 凭证的金额与所附原始凭证的金额是否一致

D. 凭证的内容与所附原始凭证的内容是否一致

10. 下列记账凭证可以不附原始凭证的是（　　）。

A. 所有收款凭证

B. 所有付款凭证

C. 所有转账凭证

D. 用于结账的记账凭证

三、判断题

1. 填制和审核会计凭证是会计核算的一个重要方法。（　　）

2. 平行登记是指对同一交易或事项，必须以会计凭证为依据，独立、互不依赖地记入总分类账户与所属明细分类账户。（　　）

3. 对于库存现金和银行存款之间相互划转的经济业务，会计人员只编制收款凭证。（　　）

4. 结账和更正错账的记账凭证可以不附原始凭证。（　　）

5. 发现以前年度记账凭证有误，应当用蓝字填制一张更正的记账凭证。（　　）

6. 出纳人员要根据审核无误的收付款凭证办理收付款业务。（　　）

7. 原始凭证开具单位对填制有误的原始凭证，负有更正和重新开具的法律义务。（　　）

8. 会计机构、会计人员对记载不准确、不完整的原始凭证有权予以退回，并要求经办人员按照国家会计制度的规定进行更正、补充。（　　）

四、简答题

1. 填制原始凭证时应注意哪些问题?

2. 审核记账凭证时应注意哪些问题?

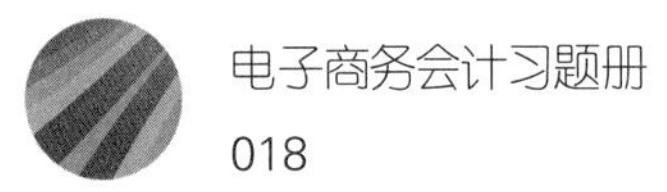

五、实践题

下图为好购网络科技有限公司出纳人员就公司的一笔业务所做的记账凭证。

付款凭证

贷方科目：银行存款　　　　20×× 年 4 月　　日　　　　付字第　　号

摘要	借方科目		记账	金额（元）	附件
	一级科目	二级和明细科目			
	应付账款	M 公司		8 000 000	
	应付账款			500 000	
合计				830 000	张

会计主管：　　记账：　　出纳：　　复核：王红　　填制：赵娟

要求：假定原始凭证审核无误，指出好购网络科技有限公司记账凭证中存在的错误。

模块二 电子商务企业资金筹集的账务处理

学习单元一 投资者投入资本的账务处理

一、填空题

1. 按照投资主体的不同，投资者投入的资本可分__________、企业投入、个人投入和__________。

2. “银行存款”账户，核算内容为企业存入银行或其他金融机构的款项，该账户属于________账户。

3. “无形资产”账户，核算内容为企业为生产商品，提供劳务，出租给他人或为管理目的而持有的、没有实物形态的非货币性长期资产，包括__________、__________、商标权、__________和土地使用权等。

4. “资本公积”账户，核算内容为企业资本公积的增减变动及结余情况，该账户属于____________账户。

二、单选题

1. 按照投资方式的不同，投资者投入的资本不包括（　　）。

A. 货币投资　　B. 外商投入的资本

C. 无形资产投资　　D. 实物投资

2. “实收资本”或“股本”账户，属于（　　）账户。

A. 所有者权益类　　B. 资产类

C. 负债类　　D. 损益类

3. 电子商务企业接受现金资产投资时，按照合同或协议约定的投资者在电子商务企业注册资本中所占份额的部分，贷记（　　）科目。

A. “实收资本”或“股本”　　B. “银行存款”

C. “资本公积”　　D. “无形资产”

4. 电子商务企业接受非现金资产投资时，如固定资产，超过投资者在企业注册资本中所占份额的部分，贷记（　　）科目。

A. “实收资本”或“股本”　　B. “资本公积——资本（或股本）溢价”

C. “固定资产”　　D. “银行存款”

三、判断题

1. “实收资本”账户，其借方登记收到投资入资本的实际数额或按股票面值计算的股本金。（　　）

2. “资本公积”账户，其贷方登记企业因资本溢价等原因而增加的资本公积数额。（　　）

3. “固定资产”账户的明细账核算，企业应设置“固定资产登记簿”和“固定资产卡片”，按固定资产的类别、使用部门和每项固定资产进行明细分类核算。（　　）

4. “无形资产”账户反映企业期末无形资产的剩余值。（　　）

四、简答题

1. 简述投资者投入资本的不同类型。

2. 简述“实收资本”或“股本”账户的设置方法。

五、实践题

1. 好购网络科技有限公司20××年1月收到某公司投入的电子产品一批，该批产品的成本为100 000元，双方协议约定以该批产品的成本作为投资价值（暂不考虑增值税）。请对上述业务进行账务处理。

2. 好购网络科技有限公司于20××年2月收到某公司投入的机器设备1台，其公允价值为200 000元，双方协议约定折算为180 000元投资份额（暂不考虑增值税）。请对上述业务进行账务处理。

学习单元二 借入资金的账务处理

一、填空题

1. 按偿还方式的不同，短期借款可分为一次性偿还借款和____________。

2. 目前，我国的短期借款主要按目的和用途进行分类，可分为生产周转借款、____________和结算借款。

3. 长期借款的种类很多，按用途可分为固定资产投资借款、更新改造借款、____________和新产品试制借款等。

4. 短期借款的账务处理内容包括短期借款的借入、____________、本金和利息的偿还等。

5. 在实际工作中，银行一般于____________收取当季发生的短期借款利息。

6. 电子商务企业取得长期借款，应按实际收到的金额，借记“银行存款”科目，按借款的本金，贷记“____________”科目，按借贷双方之间的差额，借记“____________”科目。

二、单选题

1. 某电子商务企业 20×× 年 7 月 1 日向银行借入资金 60 万元，期限是 6 个月，年利率为 6%，到期还本，按月计提利息，按季付息。该企业 7 月 31 日应计提的利息为（　　）万元。

A. 0.3　　B. 0.6　　C. 0.9　　D. 3.6

2. 企业计提短期借款利息时，贷方应记入的会计科目是（　　）。

A. “财务费用”　　B. “短期借款”

C. “应收利息”　　D. “应付利息”

3. 企业每期期末计提的长期借款利息（一次还本付息），对其中应当予以资本化的部分，下列会计处理正确的是（　　）。

A. 借记“财务费用”科目，贷记“长期借款”科目

B. 借记“财务费用”科目，贷记“应付利息”科目

C. 借记“在建工程”科目，贷记“长期借款”科目

D. 借记“在建工程”科目，贷记“应付利息”科目

4. 如果企业的长期借款属于筹建期间，且不符合资本化条件，则其利息费用应记入的会计科目是（　　）。

A. “管理费用”　　B. “长期待摊费用”

C. “财务费用”　　D. “在建工程”

5. 下列应付利息支出应予以资本化的是（　　）。

A. 为生产经营活动而发生的长期借款利息

B. 短期借款利息

C. 可直接归属于符合资本化条件的资产的购建或者生产的借款利息

D. 清算期间发生的长期借款利息

6. 某电子商务企业 20×× 年 1 月 1 日向银行借入 1 000 万元，借款利率为 8%，借款期限为 3 年，每年年末偿还借款利息。该企业用该项借款建造仓库，仓库于第二年 3 月 31 日完工，并办理了竣工结算手续，则该仓库的入账价值为（　　）万元。

A. 1 020　　B. 1 160

C. 1 100　　D. 1 240

7. 下列项目属于长期负债的是（　　）。

A. 应付债券　　B. 短期借款

C. 长期应付款　　D. 应付账款

8. 下列对长期借款利息费用的处理，正确的是（　　）。

A. 筹建期间不符合资本化条件的借款利息应计入管理费用

B. 筹建期间符合资本化条件的利息费用应计入相关资产成本

C. 生产经营期间不符合资本化条件的借款费用应计入财务费用

D. 生产经营期间符合资本化条件的借款利息应计入相关资产成本

9. 企业发生长期借款利息的情况下，借方不可能涉及的会计科目是（　　）。

A. “管理费用”　　B. “应付利息”

C. “财务费用”　　D. “在建工程”

10. 企业发生的下列各项利息支出，不应计入财务费用的是（　　）。

A. 应付债券的利息　　B. 短期借款的利息

C. 带息应付票据的利息　　D. 筹建期间的长期借款利息

11. 按现行会计制度规定，短期借款发生的利息一般应记入的会计科目是（　　）。

A. “管理费用”　　B. “投资收益”

C. “财务费用”　　D. “营业外支出”

12. 某企业因生产经营需要从其他企业取得期限为 6 个月、年息为 6% 的借款 200 000 元，借款合同已办妥，款项已划入企业的银行存款账户，有关凭证已经开出，则该借款应通过（　　）账户核算。

A. “短期借款”　　B. “长期借款”

C. “其他应付款”　　D. “长期应付款”

三、判断题

1. 长期负债是指偿还期限在一年或超过一年的一个营业周期以上的债务，所以超过一年未偿还的应付账款、短期借款等也应列为长期负债。（　　）

2. 企业为购建固定资产而取得专门借款所发生的长期负债费用，应予以资本化，列入固定资产购建成本。（　　）

3. 按照规定，企业将于一年内到期的长期负债，必须在资产负债表中作为流动负债反映。（　　）

4. 如果企业短期借款利息是在借款到期时连同本金一起归还，数额不大的情况下，可以不采用预提方式，在实际支付时直接计入当期损益。（　　）

5. 长期借款是指企业从银行或其他金融机构借入的期限在一年及一年以上的借款。 （ ）

6. 企业生产经营期间计提的短期借款的利息费用均计入财务费用中。 （ ）

四、简答题

1. 简述长期借款的种类。

2. 进行长期借款账务处理时需要注意哪些问题?

五、实践题

1. 好购网络科技有限公司 20×× 年 4 月 1 日为建造固定资产，从市工商银行借入两年期借款 600 000 元。该借款合同约定年利率为 5%，按年计息，到期一次还本付息。借款当即全部投入固定资产建造项目，建造的固定资产于第一年年末达到预定可使用状态。请对上述业务进行账务处理。

2. 好购网络科技有限公司为建造一幢办公楼，20×× 年 1 月 1 日借入期限为两年的长期借款 1 000 000 元，借款已存入银行。借款利率为 9%，每年付息一次，期满后一次还清本金。该年年初，以银行存款支付工程价款共计 600 000 元，次年年初又以银行存款支付工程费用 400 000 元。该办公楼于次年 8 月底完工并交付使用，已办理了竣工决算手续。请对上述业务进行账务处理。

学习单元三　政府扶持资金的账务处理

一、填空题

1. 政府补助是指企业从政府无偿取得的货币性资产或非货币性资产，但不包括政府作为__________________。

2. 政府补助的形式主要有财政拨款、____________、税收返还等。

3. 税收返还是政府按照国家有关规定采取先征后返（退）、____________等办法向企业返还税款，属于以税收优惠形式给予的一种政府补助。

4. 政府补助的两大特征是无偿性和____________。

5. 电子商务企业取得与资产相关的政府补助时，不能全额确认为____________，应当随着资产的使用逐渐计入以后各期的收益。

二、单选题

1. 下列不属于政府补助的是（　　）。

A. 财政拨款　　　　B. 即征即退方式返还的税款

C. 行政划拨的土地使用权　　　　D. 债务豁免

2. 下列关于政府补助表述不正确的是（　　）。

A. 财政拨款是政府为支持企业而无偿拨付给企业的资金，通常在拨款时明确规定了资金用途

B. 财政贴息是政府为支持特定领域或区域发展，根据国家宏观经济形势和政策目标，对承贷企业的银行贷款利息给予的补贴

C. 税收返还属于以税收优惠形式给予的一种政府补助

D. 税收优惠全部属于政府补助

3. 下列政府补助中，企业应按照应收金额计量的是（　　）。

A. 企业取得的无偿划拨的长期非货币性资产

B. 企业取得的通过银行转账等方式拨付的补助

C. 企业取得的按照实际销量或储备量与单位补贴定额计算的补助

D. 企业取得的增值税返还

4. 某企业本期收到税收返还的税款 200 万元，则下列会计处理正确的是（　　）。

A. 计入递延收益 200 万元　　B. 冲减应交税费 200 万元

C. 确认营业外收入 200 万元　　D. 冲减管理费用 200 万元

5. 下列选项中，应作为政府补助核算的是（　　）。

A. 营业税直接减免　　B. 增值税即征即退

C. 增值税出口退税　　D. 所得税加计抵扣

6. 关于政府补助的定义及特征，下列说法不正确的是（　　）。

A. 政府对企业的补助表现为政府向企业转移资产

B. 政府对企业的经济支持就是政府补助

C. 政府补助为货币性资产的，应按照收到的金额计量

D. 政府补助通常附有一定的使用条件

三、判断题

1. 企业收到政府拨入的有专项用途的资本性投入款，应作为政府补助核算。（　　）

2. 政府作为企业所有者投入的固定资产，属于与资产相关的政府补助。（　　）

3. 企业取得与收益相关的政府补助，应当在取得时直接计入当期损益。（　　）

4. 递延收益只能用来核算与资产相关的政府补助。（　　）

5. 政府向企业无偿划拨的非货币性长期资产属于与收益相关的政府补助。（　　）

6. 附有使用条件的政府对企业的经济支持不属于政府补助。（　　）

7. 与资产相关的政府补助在相关资产使用寿命结束前被处置的，尚未分摊的递延收益余额应一次性转入当期营业外收入。（　　）

四、简答题

1. 与资产相关的政府补助的账务处理有哪些步骤？

2. 与收益相关的政府补助的账务处理有哪些步骤？

五、实践题

好购网络科技有限公司于20×× 年4 月收到政府拨付的扶持企业发展专项资金500 万元，该专项资金用于扶持电子商务企业的经营发展及补偿各项费用支出。企业当月购进一台电子商务货物传输设备，价值200 万元（不含税价，使用寿命10 年，采用直线法计提折旧，假定无残值），同年5 月支付相关费用20 万元，次年9 月支付相关费用50 万元。请对上述业务进行账务处理。

模块三 电子商务企业运营业务的账务处理

学习单元一　电子商务企业流动资产的账务处理

一、填空题

1. 库存现金是指保存在企业会计部门的现金，包括库存的人民币和__________。

2. 在所有资产中，___________是流动性最强的一种资产，是贪污盗窃、营私舞弊的主要对象。

3. 现金清查是指对库存现金的盘点与核对，包括出纳员每日终了前进行的账款核对和清查小组进行的___________清查。

4. 清查小组进行现金清查时，___________必须在现场。

5. 银行存款账户分为基本存款账户、__________、临时存款账户和专用存款账户。

6. 一般存款账户是指存款人因___________或其他结算需要，在基本存款账户开户银行以外的银行营业机构开立的银行结算账户。

7. 临时存款账户有效期最长不得超过___________。

8. 其他货币资金是指企业除___________以外的其他各种货币资金，即存放地点和用途均与现金和银行存款不同的货币资金。

9. ___________是指企业除应收票据、应收账款、预付账款等以外的其他各种应收及暂付款项。

二、单选题

1. 下列经济业务中，企业不得动用库存现金支付的是（　　）。

A. 支付职工奖金 65 000 元

B. 购买办公用品付款 300 元

C. 预付出差人员差旅费 5 000 元

D. 支付购买设备款 1 200 元

2. 企业用于办理日常转账结算和现金收付的银行存款账户是（　　）。

A. 临时存款账户　　B. 基本存款账户

C. 专用存款账户　　D. 一般存款账户

3. 企业将准备用于有价证券投资的现金存入证券公司指定的账户时，应借记的会计科目是（　　）。

A. “银行存款”　　B. “其他货币资金”

C. “其他应收款”　　D. “短期投资”

4. 企业发现库存现金短缺属于无法查明的其他原因，按照管理权限经批准处理时，应在（　　）科目核算。

A. “其他应收款”　　B. “管理费用”

C. “其他应付款”　　D. “财务费用”

5. 企业采用托收承付方式销售商品，其销售收入确认的时间是（　　）。

A. 发出商品时　　B. 发出商品并向银行办妥托收手续时

C. 发出商品并办妥托运手续时　　D. 购买单位承付全部货款时

6. 企业进行外币存款核算时，使用的会计科目是（　　）。

A. “其他货币资金”　　B. “银行存款”

C. “备用金”　　D. “其他应收款”

7. 下列选项中，不通过“其他货币资金”科目核算的是（　　）。

A. 信用证存款　　B. 银行本票存款

C. 信用卡存款　　D. 备用金

8. 企业将款项汇往外地开立采购专用账户时，应借记的会计科目是（　　）。

A. “材料采购”　　B. “其他货币资金”

C. “预付账款”　　D. “在途物资”

9. 企业为发放工资支取现金，可通过（　　）办理。

A. 专项存款账户　　B. 一般存款账户

C. 临时存款账户　　D. 基本存款账户

10. 企业在现金清查中发现库存现金短缺，无法查明原因，经批准后应记入的会计科目是（　　）。

A. “营业外支出”　　B. “财务费用”

C. “管理费用”　　D. “其他业务成本”

11. 下列选项中，不属于其他货币资金的是（　　）。

A. 银行汇票存款　　B. 银行本票存款

C. 信用卡存款　　D. 银行承兑汇票

12. 企业将款项汇往异地银行开立采购专户，编制该业务会计分录时应（　　）。

A. 借记“应收账款”科目，贷记“银行存款”科目

B. 借记“其他货币资金”科目，贷记“银行存款”科目

C. 借记“其他应收款”科目，贷记“银行存款”科目

D. 借记“材料采购”科目，贷记“其他货币资金”科目

三、判断题

1. 货币资金是企业生产经营资金在循环周转过程中停留在货币形态的资金，它由库存现金和银行存款组成。（　　）

2. 企业可以在其他银行的一个营业机构开立一个一般存款账户，该账户可以办理转账结算和存入现金，但不能支取现金。（　　）

3. 票据和结算凭证是办理转账结算的工具。（　　）

4. 企业银行存款日记账与银行对账单核对不符的原因除了存在未达账项外，还有记账错误。（　　）

四、简答题

1. 简述企业应收及预付款项的日常管理内容。

2. 简述库存现金、银行存款的账务处理方法。

五、实践题

资料：好购网络科技有限公司 4 月份发生下列经济业务。

（1）1 日，向武汉天广公司函购乙商品一批，填制信汇结算凭证，汇出款项 9 600 元。

（2）3 日，银行转来电汇收账通知一张，金额为 32 000 元，系沈阳大昌公司汇来函购商品的货款。

（3）5 日，电汇广州市工商银行 25 000 元，开立采购专户。

（4）7 日，发出沈阳大昌公司函购的商品一批，货款 31 000 元，余款从银行汇还对方。

（5）8 日，向广州城中公司购进丙商品一批，货款 22 500 元，商品的运杂费 800 元，一并从本月 5 日在广州开立的采购专户支付。

（6）10 日，广州采购专户已结清，余款退回并存入银行。

（7）12 日，武汉天广公司发来函购乙商品一批，并收到其附带的发票和运杂费凭证，开列货款 9 000 元，运杂费 400 元，余款 200 元也已汇回并存入银行。

（8）15 日，销售给南京工惠公司商品一批，货款 20 000 元，连同垫付的运杂费 500 元一并向银行办妥托收承付结算手续。

（9）17 日，银行转来苏州长虹工厂托收承付结算凭证，金额为 17 400 元，并附发票一张，开列甲商品一批，计货款 16 800 元，运杂费凭证一张，金额 200 元。经审核无误，当即承付。

（10）24 日，收到银行转来南京工惠公司承付款项的收账通知，金额为 20 500 元。

（11）28 日，银行转来自来水公司特约委托收款凭证付款通知联，金额为 248 元，系支付本月自来水费。

要求：根据以上发生的经济业务进行账务处理。（本实训任务主要关注货币资金收付，暂不考虑增值税。）

学习单元二 电子商务企业固定资产和无形资产的账务处理

一、填空题

1. ____________是指企业为生产产品、提供劳务、出租或经营管理而持有的，使用寿命超过 1 年的有形资产。

2. ____________是指在固定资产使用寿命内，按照确定的方法对应计提折旧额进行系统分摊。

3. 年限平均法又称直线法，是指将固定资产应计提折旧额均衡地分摊到固定资产预计____________内的一种方法。

4. 企业的无形资产按其反映的经济内容可以分为土地使用权、专利权、商标权、____________、非专利技术等。

5. ____________是指国家专利主管机关依法授予发明创造专利申请人，对其发明创造在法定期限内所享有的专有权利。

6. 非专利技术一般包括工业专有技术、________________专有技术、管理专有技术等。

二、单选题

1. 下列业务中，不需要通过“固定资产清理”科目核算的是（　　）。

A. 固定资产毁损　　B. 用固定资产抵偿债务

C. 固定资产改扩建　　D. 用固定资产对外投资

2. 某电子商务企业适用的增值税税率为 13%。20×× 年 4 月 15 日，该企业购入一台需要安装的 B 设备，取得的增值税专用发票上注明的设备价款为 600 万元，增值税税额为 78 万元，另发生保险费 8 万元，款项均以银行存款支付。8 月 19 日，对 B 设备进行安装，以银行存款支付安装费 3 万元。B 设备于 8 月 25 日达到预定可使用状态，并投入使用。根据上述资料，B 设备的入账价值为（　　）万元。

A. 611　　B. 608

C. 600　　D. 508

3. 某电子商务企业自建仓库一幢，购入工程物资 200 万元，增值税税额为 26 万元，已全部用于建造仓库；耗用库存材料 50 万元，应负担的增值税税额为 6.5 万元；

支付建筑工人工资 36 万元。该仓库建造完成并达到预定可使用状态，其入账价值为（　　）万元。

A. 250　　　　B. 292.5

C. 286　　　　D. 328.5

4. 20×× 年 12 月 31 日，甲公司购入一台设备并投入使用，其成本为 25 万元，预计使用年限 5 年，预计净残值 1 万元，采用双倍余额递减法计提折旧。假定不考虑其他因素，第二年度该设备应计提的折旧为（　　）万元。

A. 4.8　　B. 8　　C. 9.6　　D. 10

5. 下列关于企业计提固定资产折旧会计处理的表述中，不正确的是（　　）。

A. 对管理部门使用的固定资产计提的折旧应计入管理费用

B. 对财务部门使用的固定资产计提的折旧应计入财务费用

C. 对生产车间使用的固定资产计提的折旧应计入制造费用

D. 对专设销售机构使用的固定资产计提的折旧应计入销售费用

6. 下列选项中，应确认为无形资产的是（　　）。

A. 自创品牌　　　　B. 客户关系

C. 人力资源　　　　D. 专利技术

7. 下列选项中，关于企业无形资产表述不正确的是（　　）。

A. 使用寿命不确定的无形资产不应摊销

B. 研究阶段和开发阶段的支出应全部计入无形资产成本

C. 无形资产应按照成本进行初始计量

D. 出租无形资产的摊销额应计入其他业务成本

8. 20×× 年 4 月 1 日，某电子商务企业转让一项专利权。该专利权成本为 250 000 元，累计摊销 50 000 元，取得转让价款 300 000 元。不考虑其他因素，下列关于该企业转让专利权的会计处理结果正确的是（　　）。

A. 其他业务收入增加 100 000 元

B. 营业外收入增加 300 000 元

C. 其他业务收入增加 300 000 元

D. 营业外收入增加 100 000 元

三、判断题

1. 已达到预定可使用状态但尚未办理竣工决算的固定资产不应计提折旧。（　　）

2. 公司各部门使用的固定资产在进行修理时发生的修理费用，包括专设销售机构的修理费用，均应计入管理费用。（　　）

3. 对于企业在建工程在达到预定可使用状态前试生产所取得的收入，应作为主营业务收入核算。（　　）

4. 经营租入的固定资产改良符合资本化条件的，应予以资本化，通过“固定资产”科目核算，单独在以后租赁期内计提折旧。（　　）

5. 企业接受投资者投入的一项固定资产，按照投资合同或者协议约定的价值入账。（　　）

6. 企业一般应按月计提折旧，当月增加的固定资产当月计提折旧，当月减少的固定资产当月不计提折旧。（　　）

7. 正常报废和非正常报废的固定资产均应通过“固定资产清理”科目予以核算。（　　）

8. 企业出租无形资产取得的租金收入和出售无形资产的净收入，均计入营业外收入。（　　）

9. 企业购入一项法律保护期限为 10 年的专利权，预计运用该专利生产的产品在未来 6 年内会为企业带来经济利益，则该专利权的预计使用寿命为 6 年。（　　）

四、简答题

1. 简述固定资产的确认条件。

2. 无形资产的特点是什么?

五、实践题

1. 好购网络科技有限公司购入一台不需要安装即可投入使用的设备，取得的增值税专用发票上注明的设备价款为 30 000 元，增值税税额为 3 900 元，另支付包装费 700 元，款项以银行存款支付。假设该公司属于增值税一般纳税人，增值税进项税额可以在销项税额中抵扣，不纳入固定资产成本核算。请计算好购网络科技有限公司外购固定资产成本并处理相应账务。

2. 好购网络科技有限公司自行研究、开发一项技术，截至 20×× 年 12 月 31 日，发生研究支出合计 2 000 000 元，经测试，确认该项研发活动完成了研究阶段，从第二年 1 月 1 日开始进入开发阶段。第二年发生开发支出 300 000 元，假定符合《企业会计准则》规定的开发支出资本化的条件。第二年 6 月 30 日，该项研发活动结束，最终开发出一项非专利技术。请对上述业务进行账务处理。

学习单元三　电子商务企业职工薪酬的账务处理

一、填空题

1. ＿＿＿＿＿＿是指企业为获得职工提供的服务而给予的各种形式的报酬以及其他相关支出。

2. ＿＿＿＿＿＿是指企业为了改善职工文化生活，为职工学习先进技术、提高文化水平和业务素质，用于开展工会活动和职工教育及职业技能培训等相关支出。

3. ＿＿＿＿＿＿是指企业以自己的产品或外购商品发放给职工作为福利，企业将自己拥有的资产或租赁的资产供职工无偿使用。

4. 提供劳务人员的职工薪酬，计入＿＿＿＿＿＿。

5. 应由在建工程、无形资产开发项目负担的职工薪酬，计入固定资产成本或无形资产成本，借记“＿＿＿＿＿＿”“研发支出”等科目，贷记“应付职工薪酬”科目。

6. 支付工会经费和职工教育经费用于工会活动和职工培训，借记“应付职工薪酬”科目，贷记“＿＿＿＿＿＿”等科目。

二、单选题

1. 甲公司为增值税一般纳税人，适用的增值税税率为 13%。20×× 年 4 月，甲公司董事会决定将本公司销售的产品作为元旦福利发放给公司管理人员。该批产品的成本为 80 万元，市场销售价格为 100 万元（不含增值税）。不考虑其他税费，下列甲公司在 20×× 年 4 月对该项业务的会计处理不正确的是（　　）。

A. 借：管理费用　　1 130 000
　　贷：应付职工薪酬　　1 130 000

B. 借：应付职工薪酬　　1 130 000
　　贷：主营业务收入　　1 000 000
　　　　应交税费——应交增值税（销项税额）　　130 000

C. 借：主营业务成本　　800 000
　　贷：库存商品　　800 000

D. 借：管理费用　　1 130 000
　　贷：主营业务收入　　1 000 000
　　　　应交税费——应交增值税（销项税额）　　130 000

2. 职工生活困难补助应从（　　）项目中列支。

A. 工会经费　　B. 职工福利费

C. 社会保险费　　D. 职工教育经费

3. 下列选项中，不属于职工薪酬中的“职工”的是（　　）。

A. 临时职工　　B. 独立董事

C. 兼职工程师　　D. 为企业提供审计服务的注册会计师

4. 下列选项中，不应通过“应付职工薪酬”科目核算的是（　　）。

A. 支付给生产工人的津贴　　B. 支付给管理人员的奖金

C. 支付给退休人员的退休费　　D. 代扣生产工人工资个人所得税

5. 企业确认的辞退福利，应当计入（　　）。

A. 生产成本　　B. 制造费用

C. 管理费用　　D. 营业外支出

三、判断题

1. 企业以其自产产品或外购商品作为非货币性福利发放给职工的，应根据受益对象，按照该产品或商品的成本和相关税费，计入相关资产成本或当期费用，同时确认应付职工薪酬。（　　）

2. 企业为职工缴纳的基本养老保险金、补充养老保险费，均属于企业提供的职工薪酬。（　　）

3. 企业以商业保险形式提供给职工的各种保险待遇不属于职工薪酬。（　　）

4. 职工薪酬包括提供给职工配偶、子女或其他被赡养人的福利等。（　　）

5. 难以认定受益对象的非货币性福利，直接计入管理费用和应付职工薪酬。（　　）

6. 辞退福利即解除劳动关系的补偿。（　　）

四、简答题

1. 简述企业职工薪酬的内容。

2. 应付职工薪酬中的“职工”包括哪三类人员?

五、实践题

1. 好购网络科技有限公司计算本月应付管理人员工资总额 200 000 元，代扣代缴个人所得税 3 000 元，用银行存款发放工资 197 000 元。请对上述业务进行账务处理。

2. 好购网络科技有限公司决定为企业各部门经理每人租赁住房一套，并提供轿车一辆，免费使用。所有外租住房的月租金为 15 000 元，所有轿车的月折旧额为 10 000 元。请对上述业务进行账务处理。

模块四
电子商务企业运营收入的账务处理

学习单元一　电子商务企业销售收入的账务处理

一、填空题

1. 收入是指电子商务企业在日常生产经营活动中形成的、会导致所有者权益增加、与所有者投入资本无关的____________的总流入。

2. 按收入产生的来源分类，可将收入分为____________收入和提供劳务收入。

3. 按经营业务的主次分类，可将收入分为____________收入和其他业务收入。

4. 电子商务企业____________是指购买方在商品尚未收到前按合同或协议约定分期付款，销售方在收到最后一笔款项时才交货的销售方式。

5. 电子商务企业以买一赠一等方式组合销售本企业商品的，不属于捐赠，应将总的销售金额按各项商品____________的比例来分摊确认各项的销售收入。

二、单选题

1. 电子商务企业发生的既不属于经常性活动，也不属于与经常性活动相关的其他活动，如处置固定资产、无形资产等形成的经济利益的总流入不属于收入，应确认为（　　）。

A. 营业收入　　B. 营业外收入　　C. 其他业务收入　　D. 净收入

2. 电子商务企业应在发出商品且收到货款或取得收款权利时，确认销售商品收入。这一原则表明确认销售商品收入有两个条件：一是（　　），表现为发出商品；二是收到货款或者取得收款权利。

A. 商品的转移　　B. 款项的转移　　C. 物权的转移　　D. 收入的转移

3. 电子商务企业销售商品实现的收入，应按照实际收到或应收的金额，借记“银行存款”“应收账款”等科目，按照税法规定应交纳的增值税税额，贷记“应交税费——应交增值税（销项税额）”科目，按照确认的销售商品收入，贷记（　　）科目。

A.“主营业务收入”　　B.“其他业务收入”

C.“商品销售收入”　　D.“营业外收入”

4. 电子商务企业在收到经第三方扣除手续费的货款时，应借记“银行存款”和（　　）科目，贷记“应收账款”科目。

A.“期间费用”　　B.“管理费用”

C.“销售费用”　　D.“财务费用”

5. 从事商品流通的电子商务企业在购买商品过程中发生的费用，包括运输费、装卸费、包装费、保险费、运输途中的合理损耗和入库前的挑选整理费等，不计入购入商品的实际成本，应于发生时确认为当期的（　　）。

A. 管理费用　　B. 销售费用

C. 财务费用　　D. 制造费用

三、判断题

1. 收入会导致所有者权益增加，不会增加企业所有者权益的经济利益流入，如取得借款等不属于收入。（　　）

2. 从事商品流通的电子商务企业，其库存商品主要是指外购或委托加工用于销售的各种商品。（　　）

3. 所有者投入资本的增加应确认为收入。（　　）

4. 商业折扣是指企业为促进商品销售而在商品标价上给予的价格扣除。销售商品涉及商业折扣的，应按照扣除商业折扣后的金额确认销售商品收入金额。（　　）

5. 在商品交付前预收的货款应作为销售方的一项资产处理，待货物实际交付时才确认销售收入。（　　）

四、简答题

1. 简述电子商务企业销售商品收入的账务处理流程。

2. 什么是售价金额核算法?

五、实践题

1. 20×× 年 4 月 1 日，好购网络科技有限公司网上销售一批劳保用品给某有限责任公司，开出增值税发票与货一起发出，注明该批劳保用品不含税价格为 100 000 元，增值税为 13 000 元，支付代垫物流公司费用 3 000 元，该批劳保用品成本为 70 000 元。6 月 21 日，好购网络科技有限公司收到担保方清算的货款和运费。假定平台交易此类店铺手续费为交易费用的 5%。请对上述业务进行账务处理。

2. 20×× 年 4 月 18 日，好购网络科技有限公司网上销售一批饰品给某服装公司，售价 50 000 元，增值税为 6 500 元。该服装公司收货后发现饰品上有瑕疵，要求价格折让，经双方协商，同意在价格上给予 5% 的折让。此前好购网络科技有限公司已经确认该批饰品的销售收入。请对上述业务进行账务处理。

学习单元二　电子商务企业其他业务收入的账务处理

一、填空题

1. 其他业务收入是指电子商务企业确认的除____________以外的其他日常商品经营活动实现的收入。

2. 电子商务企业租出固定资产，应通过“固定资产”“__________”“______________”等账户进行核算。

3. 企业租赁有两种形式：____________和融资租赁。

4. 租出无形资产取得租金收入时，借记“银行存款”“库存现金”等科目，贷记“____________”等科目。

5. 摊销租出无形资产的成本和发生与转让有关的各种费用支出时，借记“其他业务成本”等科目，贷记“____________”等科目。

二、单选题

1. 租出固定资产是指经批准以（　　）的方式出租给其他单位使用的固定资产。

A. 生产性租赁　　B. 市场性租赁

C. 拓展性租赁　　D. 经营性租赁

2. 电子商务企业收到租出固定资产的租金时，借记“银行存款”账户，贷记（　　）账户。

A. “营业收入——租出固定资产”

B. “营业外收入——租出固定资产”

C. “其他业务收入——租出固定资产”

D. “主营业务收入——租出固定资产”

3. 随同产品出售但不单独计价的包装物，按照其成本，借记（　　）科目，贷记“包装物”科目。

A. “其他业务收入”　　B. “销售费用”

C. “管理费用”　　D. “其他业务成本”

4. 随同产品出售并单独计价的包装物，按照其成本，借记（　　）科目，贷记“包装物”科目。

A. “其他业务收入”　　B. “销售费用”

C. “管理费用”　　D. “其他业务成本”

5. 好购网络科技有限公司作为租出方开出增值税专用发票，不含税的价款为3 000元，增值税为390元，承租方款项已由银行付讫。下列账务处理正确的是(　　)。

A. 借：财务费用——租赁费　3 000
　　应交税费——应交增值税（销项税额）　390
　　贷：银行存款　3 390

B. 借：银行存款　3 390
　　贷：财务费用——租赁费　3 000
　　　　应交税费——应交增值税（销项税额）　390

C. 借：其他业务收入——租赁费　3 000
　　应交税费——应交增值税（销项税额）　390
　　贷：银行存款　3 390

D. 借：银行存款　3 390
　　贷：其他业务收入——租赁费　3 000
　　　　应交税费——应交增值税（销项税额）　390

6. 从事商品流通的电子商务企业租出无形资产，取得无形资产租金收入时，其账务处理为(　　)。

A. 借：银行存款
　　贷：其他业务收入——租出无形资产

B. 借：银行存款
　　贷：主营业务收入——租出无形资产

C. 借：银行存款
　　贷：营业收入——租出无形资产

D. 借：银行存款
　　贷：营业外收入——租出无形资产

三、判断题

1. 为了核算其他业务收入，电子商务企业应设置“其他业务收入”账户，该账户属于所有者权益类账户。(　　)

2. 从事商品流通的电子商务企业租出非流动资产时，按照双方的约定，承租方要向出租方支付租赁费。出租方如果是增值税一般纳税人，要给承租方开具增值税发票的，承租方可以凭票抵扣进项税额。(　　)

3. “其他业务收入”账户贷方登记其他业务收入的发生数，借方登记期末结转至

本年利润账户的数额。 ( )

4. 电子商务企业出售包装物，买家确认收货时借记“银行存款”科目，贷记“其他业务收入——出售包装物”“应交税费——应交增值税（销项税额）”科目。( )

四、简答题

1. 简述电子商务企业其他业务收入的内容。

2. 简述电子商务企业其他业务收入的账务处理方法。

五、实践题

1. 20××年4月6日，好购网络科技有限公司本着物尽其用原则，规划处理闲置资产，将暂时不使用的冷库出租，签订固定资产租赁合同，出租固定资产——冷库，账面价值是80 000元，租金总额是48 000元，租赁期限2年，每月租金2 000元，每月应计提折旧600元。请对上述业务进行账务处理。

2. 2023 年 4 月 1 日，好购网络科技有限公司为拓展业务，将其饰品的商标权出租给某网络公司使用，租期为 4 年，每年收取租金 150 000 元。好购网络科技有限公司在出租期间不再使用该饰品的商标权。该商标权系好购网络科技有限公司 2016 年 4 月 1 日购入的，初始入账价值为 1 800 000 元，预计使用年限为 15 年，采用直线法摊销。请对上述业务进行账务处理。

模块五 电子商务企业商品流通费用和税金的账务处理

学习单元一　电子商务企业商品流通费用的账务处理

一、填空题

1. 电子商务企业在取得各项收入的同时也需要有相应的支出，从而导致所有者权益减少，__________流出企业。

2. 电子商务企业的商品流通费用是指企业在进行购进、销售、调拨和存储等商品流通过程中所消耗的__________和__________的货币表现，以及为组织商品流通所必需的其他货币支出。

3. __________是企业在日常活动中发生的经济利益的总流出。

4. 营业成本是指企业__________和__________的成本。

5. 税金及附加是指企业开展日常经营活动应负担的__________、__________、教育费附加、资源税、土地增值税、城镇土地使用税、房产税、车船税、______和矿产资源补偿费、排污费等。

6. 财务费用是指企业为筹集生产经营所需资金发生的筹资费用，包括____________________、利息费用（减利息收入）、汇兑损失、____________、企业给予的现金折扣（减享受的现金折扣）等费用。

二、单选题

1. 电子商务企业期间费用包括管理费用、财务费用和（　　）。

A. 制造费用　　B. 生产费用

C. 销售费用　　D. 经营费用

2. 从事商品流通的电子商务企业在购买商品过程中发生的费用，包括运输费、装卸费、保险费、运输途中的合理损耗和入库前的挑选整理费等，可构成（　　）。

A. 制造费用　　B. 生产费用　　C. 销售费用　　D. 经营费用

3. 期间费用在发生时就应计入（　　）。

A. 当期成本　　B. 当期损益

C. 当期费用　　D. 本期支出

4. 电子商务企业为了核算主营业务成本增减变动，应设置“主营业务成本”账户，该账户属于（　　）账户，用于核算企业确认销售商品或提供劳务等主营业务收入应结转的成本。

A. 资产类　　B. 所有者权益类

C. 负债类　　D. 损益类

5. 电子商务企业在筹建期间发生的开办费，包括相关人员的职工薪酬、办公费、培训费、差旅费、印刷费、注册登记费以及不计入固定资产成本的借款费等费用，在实际发生时，借记（　　）科目，贷记“银行存款”等科目。

A.“管理费用”　　B.“销售费用”

C.“财务费用”　　D.“期间费用”

三、判断题

1. 电子商务企业处置固定资产、无形资产等非流动资产，因违约支付罚款，对外捐赠，由于自然灾害等非正常原因造成财产毁损等，这些活动或事项形成的经济利益的总流出属于企业的费用。（　　）

2. 根据“资产 – 负债 = 所有者权益”这一会计等式，费用一定会导致企业所有者权益的减少。（　　）

3. 成本是对象化的费用，其所针对的是一定的成本计算对象；费用则是针对一定的期间而言的。（　　）

4. 期间费用是指不能直接归属于某个特定产品成本或某项特定劳务成本的费用。（　　）

5. 电子商务企业为购建固定资产、无形资产和经过 1 年期以上的制造才能达到预定可销售状态的存货发生的借款费用，既在“在建工程”“研发支出”“制造费用”等科目核算，也在“财务费用”科目核算。（　　）

6. 电子商务企业销售包装物的成本、出租固定资产的折旧费、出租无形资产的摊销额等支出，应借记“主营业务成本”科目，贷记“原材料”“周转材料”“累计折旧”“累计摊销”“银行存款”等科目。（　　）

四、简答题

1. 简述电子商务企业商品流通费用的特点。

2. 简述电子商务企业支出、费用和成本的关系。

五、实践题

好购网络科技有限公司 20×× 年 4 月，在天猫旗舰店发生如下经济业务。

（1）网络销售商品，以银行存款支付直通车广告费用 90 000 元，以银行存款支付本月由天猫旗舰店负担的快递费 5 000 元。

（2）计提短期借款利息 9 000 元，支付银行借款手续费 1 500 元。

（3）以数字货币支付发生的业务招待费 3 000 元。

（4）计提行政办公室固定资产折旧 3 000 元，计提销售部门固定资产折旧 5 000 元。

（5）分配工资 500 000 元，其中运营客服等销售人员工资 400 000 元，运营管理人员工资 100 000 元。

（6）月末结转已销售商品成本 680 000 元。

要求：根据以上发生的经济业务进行账务处理。

学习单元二　电子商务企业商品流通税金的账务处理

一、填空题

1. 税金是国家根据税法规定的税率向____________征收各种税款和教育费附加。

2. 电子商务企业主要设置“____________”“____________”“管理费用”等账户处理税金支出与缴纳的情况。

3. 增值税是指对在我国境内销售货物或提供加工、修理修配劳务以及进口货物的单位和个人，就其取得的货物或应税劳务的____________征收的一种流转税。

4. 商品流通企业包括电子商务企业中只有经营“____________”的企业缴纳消费税，其他批发零售商品的电子商务企业不缴纳消费税。

5. 房产税是以房产为征税对象，依据____________或____________向房产所有人或经营人征收的一种税。

6. 城镇土地使用税是以____________为征收对象，对拥有____________的单位和个人征收的一种税。

7. 车船税是对在我国境内拥有并使用车船的单位和个人，按照车船的种类、数量、吨位等实行____________的一个税种。

8. 印花税是对企业在经济活动和经济往来中书立、领受的____________征收的一个税种。

二、单选题

1. 电子商务企业“税金及附加”账户的借方登记计算应缴纳的各种税金及附加，贷方登记期末结转至（　　）账户的金额，结转后该账户无余额。

A. “本年利润”　　　　B. “生产成本”

C. “制造费用”　　　　D. “主营业务成本”

2. 电子商务企业一般纳税人是指从事货物批发或零售的纳税人，年应税销售额在180万元以上且会计核算健全，经税务机关审核认定为增值税一般纳税人的企业或个人，使用（　　）的税率。

A. 16%　　B. 17%　　C. 13%　　D. 10%

3. 电子商务企业一般纳税人的当期应纳增值税税额为当期（　　）税额与当期（　　）税额之差。

A. 销项　进项　　B. 进项　销项
C. 销项　转出　　D. 进项　转入

4. 电子商务企业接受捐赠转入的货物，应按照增值税专用发票上注明的增值税税额进行账务处理，具体应为（　　）。

A. 借：库存商品
　　应交税费——应交增值税（进项税额）
　　贷：营业外收入

B. 借：库存商品
　　贷：应交税费——应交增值税（进项税额）
　　　　营业外收入

C. 借：应交税费——应交增值税（进项税额）
　　营业外收入
　　贷：库存商品

D. 借：库存商品
　　营业外收入
　　贷：应交税费——应交增值税（进项税额）

5. 假定好购网络科技有限公司按照规定应交纳房产税、城镇土地使用税等，借记（　　）科目，贷记“应交税费”科目（二级科目为“应交房产税”“应交城镇土地使用税”等）。

A. “银行存款”　　B. “营业外支出”
C. “其他业务支出”　　D. “税金及附加”

6. 凡发生书立、使用、领受应税凭证的行为，就必须依照（　　）的有关规定履行纳税义务。

A. 营业税法　　B. 增值税法
C. 消费税法　　D. 印花税法

三、判断题

1. 如果购进货物未能取得增值税专用发票，则不能计算扣除进项税额。（　　）

2. 消费税实行多环节征收，即在生产环节、进口环节，以及销售环节征收。（　　）

3. 房产税的纳税人是房屋产权所有人，包括产权所有人、经营管理单位、承典人、房产代管人或者使用人。（　　）

4. 城镇土地使用税的纳税人包括承担缴纳城镇土地使用税义务的所有单位和个

人。以纳税人实际占用土地面积为计税依据，土地面积的计量标准是“平方千米”。（　　）

5. 印花税的纳税人应根据应纳税凭证的性质，分别按比例税率或者按件定额计算应纳税额。（　　）

四、简答题

1. 电子商务企业作为商品流通企业的一员，在进行商品流转贸易活动中负有依法纳税的义务，那么，其主要涉及的纳税税种有哪些?

2. 简述电子商务企业通常情况下应交个人所得税的账务处理方法。

五、实践题

1. 好购网络科技有限公司下属独立核算分公司为电子商务企业小规模纳税人，20×× 年 5 月，该分公司销售商品的含税金额为 29 870 元，全部确认为网络现金收入。假定该分公司本月不含税销售额为 29 000 元，小于 30 000 元，符合小型微利企业的减免政策。请对上述业务进行账务处理。

2. 好购网络科技有限公司为增值税一般纳税人，适用税率为 13%，20×× 年 12 月发生以下经济业务：

（1）通过网络购入饰品一批，价款为 100 000 元，增值税税额为 13 000 元，商品已确认入库。

（2）公司天猫店销售饰品一批，价款为 50 000 元，增值税税额为 6 500 元，以现金支付物流费用 200 元，商品成本为 30 000 元，已确认收货。

（3）公司天猫店销售金银首饰一批，价款为 1 000 000 元，增值税税额为 130 000 元，消费税税率为 5%，已确认收货。（假定不考虑物流费用）

（4）假定公司本月主营业务应交增值税 100 000 元，应交消费税 30 000 元，城市维护建设税税率为 7%，教育费附加率为 3%。

（5）本月应交房产税 3 000 元，应交车船税 2 000 元。

（6）与外单位签订一份仓库保管合同，保管金额为 90 000 元，印花税为 90 元。

（7）以银行存款支付本月应交增值税 50 000 元。

要求：对上述业务进行账务处理。

模块六 电子商务企业利润的账务处理

学习单元一　电子商务企业利润及利润形成

一、填空题

1. 利润是指企业在一定会计期间的经营成果，包括____________、利润总额和__________。

2. 电子商务企业利润是在数量上等于各项收入与各项支出及损失相抵后的余额，其在一定程度上反映了企业商品经营活动__________和__________水平。

3. 营业利润的多少，主要受到企业的经营规模、市场占有率、开展多元化经营的程度以及__________等因素的影响。通常情况下，营业利润越大，代表企业的总体__________越高，效益越好。

4. 营业外收入是指企业____________活动形成的、应计入当期损益、会导致所有者权益增加、与所有者投入资本无关的经济利益的净流入。

5. 企业应在__________的基础上，按照企业所得税法规定进行纳税调整，计算出当期应纳税所得额。

6. 在中华人民共和国境内，企业和其他取得收入的组织为企业所得税的纳税人，但不包括__________和合伙企业。

二、单选题

1. 电子商务企业直接计入当期利润的利得和损失是指应计入当期损益、会导致(　　)发生增减变动的、与所有者投入资本或者向所有者分配利润无关的利得或者损失。

A. 资产　　B. 负债　　C. 所有者权益　　D. 利润

2. 电子商务企业所得税费用是对企业商品经营活动的所得征收的一种税费。所得税是企业的一项（　　）流出，是费用的组成部分，在净利润中扣除。

A. 资产　　B. 负债

C. 所有者权益　　D. 利润

3. 企业缴纳所得税时，应借记（　　）等科目，贷记（　　）等科目。

A. “所得税费用”“银行存款”　　B. “应交税费”“银行存款”

C. “应交税费”“所得税费用”　　D. “所得税费用”“应交税费”

4. “递延所得税负债”科目核算企业确认的应纳税暂时性差异产生的所得税负债，本科目期末（　　）余额反映企业已确认的递延所得税负债。

A. 借方　　B. 贷方

C. 借方或贷方　　D. 以上都不对

三、判断题

1. 营业利润反映企业日常经营活动的成果，能够衡量企业管理者的经营业绩，有助于投资者、债权人进行盈利预测并做出正确决策。（　　）

2. 所得税费用是指企业按照企业所得税法规定计算的当期应纳税所得额与适用所得税税率为基础来确认的、应从当期营业利润中扣除的所得税费用。（　　）

3. 所得税费用（或收益）= 当期应交所得税 + 递延所得税费用（– 递延所得税收益）。（　　）

4. 企业的应纳税所得额乘以适用税率，减去依照税法关于税收优惠的规定减免和抵免的税额后的余额，为应纳税额。（　　）

5. 企业所得税是指对中华人民共和国境内的企业和其他取得收入的组织在一定时期内的生产所得及其他所得征收的一种税。（　　）

四、简答题

1. 简述电子商务企业利润的来源。

2. 什么是营业外支出？营业外支出包括哪些内容？

五、实践题

1. 20×× 年 12 月 31 日，好购网络科技有限公司有关损益类账户的发生额见下表。假定好购网络科技有限公司本期无纳税调整事项，适用企业所得税税率为 25%。

好购网络科技有限公司损益类账户发生额

20×× 年 12 月 31 日

账户名称	借方发生额	账户发生额	贷方发生额
主营业务成本	600 000	主营业务收入	980 000
其他业务成本	50 000	其他业务收入	100 000
营业外支出	20 000	营业外收入	40 000
税金及附加	10 000	公允价值变动损益	650 000
财务费用	60 000	投资收益	60 000
销售费用	90 000		
管理费用	170 000		
资产减值损失	65 000		

要求：根据上述资料进行相应的计算及账务处理。

2. 好购网络科技有限公司 20×× 年度税前会计利润是 2 000 万元，根据税法规定，本年度应扣除的工资费用为 360 万元，全年实发工资 400 万元。该公司递延所得税资产年初数为 25 万元，年末数为 20 万元，递延所得税负债年初数为 40 万元，年末数为 50 万元，所得税税率为 25%。假定该公司全年无其他纳税调整。请对上述业务进行账务处理。

学习单元二　电子商务企业利润分配的账务处理

一、填空题

1. 企业按照一定的比例从净利润中提取相应的__________，用于满足企业商品经营和贸易发展的资金需要。

2. 电子商务企业盈余公积是指企业按照规定从__________中提取的积累资金。

3. 如果企业在会计期间内没有__________，为维护股东利益以及企业形象，可以使用盈余公积保证发放一定数额的__________。

4.《中华人民共和国公司法》明确规定，所有企业必须计提法定盈余公积。只有当企业计提的盈余公积累计达到__________的 50% 时，才可以不再提取。

5. 企业可以采取“__________”和“__________”两种方法编制各月利润表。

6. 电子商务企业会计期间内若无利润，原则上不得分配__________和__________。

二、单选题

1.《中华人民共和国公司法》规定，公司制企业应当按照（　　）（弥补以前年度亏损后的 10%）提取法定盈余公积。

A. 营业利润　　　　B. 利润总额

C. 净利润　　　　D. 总利润

2. 未分配利润是指未进行分配的净利润，它属于企业的（　　），是企业扩大经营规模、应付意外事项所需要的资金准备。

A. 资产　　B. 负债

C. 所有者权益　　D. 收入

3. 电子商务企业分派现金股利，属于重大财务事项，应由（　　）做出分配预案，经（　　）批准后，由公司正式宣布并实施。

A. 监事会　股东大会　　B. 董事会　股东大会

C. 股东大会　董事会　　D. 股东大会　监事会

4. “账结法”和“表结法”步骤是相同的，不同之处在于，“账结法”是按月结转损益到（　　）账户，“表结法”是年度终了将损益类科目当年发生额合计数一次性结转到（　　）账户。

A. “本年利润”　“利润分配”　　B. “利润分配”　“本年利润”

C. “利润分配”　“利润分配”　　D. “本年利润”　“本年利润”

5. 无论采用“账结法”还是“表结法”，年度终了，企业都应将本年实现的净利润或净亏损转入（　　）科目，结转后“本年利润”科目年末应无余额。

A. “利润分配——利润归还投资”　　B. “利润分配——其他转入”

C. “利润分配——单项留用的利润”　　D. “利润分配——未分配利润”

6. 电子商务企业在制定利润分配方案时，出于多方面考虑，往往不能将净利润全部分配，这就形成了（　　）。

A. 未分配利润　　B. 利润分配　　C. 本年利润　　D. 净利润

三、判断题

1.《中华人民共和国公司法》规定，非公司制企业法定盈余公积的提取比例可超过净利润的 10%。（　　）

2. 提取任意盈余公积既不会减少公司的留存收益，也不会使其增加，主要目的是在获利较多的年度，多提公积，积蓄财力，以便在企业遇到不利的情况或者亏损的年度，使各期股利水平保持预期的状态。（　　）

3. 一般来说，企业发生的亏损用所得税后利润仍不足弥补的，可以用所提取的盈余公积来弥补。（　　）

4. 当电子商务企业提取的盈余公积累积较多时，可以将盈余公积转增资本（股本），但是必须经股东大会（或类似机构）批准，并按股东原有股份（或投资）比例结转，动用盈余公积转增资本（股本）后，留存的盈余公积不得少于注册资本的 20%。（　　）

四、简答题

1. 简述电子商务企业利润分配的具体分配顺序。

2. 简述电子商务企业通常情况下本年利润的结转步骤。

五、实践题

1. 20××年，好购网络科技有限公司实现净利润200万元，年初未分配利润为0。经股东大会批准，该公司按当年净利润的10%提取法定盈余公积和5%提取任意盈余公积。假定不考虑其他因素。请对上述业务进行账务处理。

2. 好购网络科技有限公司是一家上市电子商务企业，假设20×× 年3月30日公布上一年度利润分配实施公告：以上年年末公司总股本9 500万股为基数，向所有股东每10股派发5元现金红利（含税）。股权登记日为20×× 年6月29日，除息日为20×× 年6月30日，现金红利发放日为20×× 年7月6日。请对上述业务进行账务处理。

模块七 电子商务企业财务报表

学习单元一　认识电子商务企业财务报表

一、填空题

1. 电子商务企业财务报表是对__________、__________和现金流量的结构性表述。

2. 财务报表按编制期间分类，可以分为__________和年度财务报表。

3. 年度财务报表是以整个会计年度为基础编制的财务报表，是全面反映企业整个会计年度的业务活动成果、__________情况及年末的财务报表。

4. 财务报表按编报主体可分为__________、__________和合并财务报表。

5. 企业对外提供的财务报表包括资产负债表、利润表和__________三张报表。

6. 电子商务企业对外提供的财务报表应由__________和主管会计工作的负责人、会计机构负责人签名并盖章，设置总会计师职位的单位，还应由总会计师签名并盖章。

二、单选题

1. 下列关于企业财务报表的表述中，不正确的是（　　）。

A. 财务报表能帮助投资人和债权人合理决策

B. 财务报表的目标是向使用者提供与企业财务状况、经营成果和现金流量等有关的会计信息

C. 财务报表的使用者包括投资者、债权人、债务人及社会公众，但不包括政府及有关部门

D. 财务报表反映企业管理层受托责任的履行情况

2. 合并财务报表是指反映由（　　）构成的企业集团整体财务状况、经营成果和现金流量情况的财务报表。

A. 母公司　　B. 母公司及其子公司

C. 所有子公司　　D. 所有全资子公司

3. 电子商务企业中期财务报表不包括（　　）。

A. 月度财务报表　　B. 半年度财务报表

C. 季度财务报表　　D. 年度财务报表

4. 电子商务企业财务报表不要求对外报告的是（　　）。

A. 资产负债表　　B. 利润表

C. 现金流量表　　D. 产品成本表

三、判断题

1. 编制财务报表是总结企业生产经营活动、反映和评价企业财务状况和经营成果的一种专门的会计方法。（　　）

2. 从事商品流通的电子商务企业每年年底必须编制并报送年度财务报表。（　　）

3. 由于电子商务企业财务报表是对外提供的，所以其所提供的信息对企业的管理者和职工没有用。（　　）

4. 编制财务报表时，使用的会计准则、会计计量和填报方法应保持前后会计期间的一致，不得随意变动。如有变动，应另加说明。（　　）

5. 电子商务企业必须按规定的期限和程序及时编制并报送财务报表，以便报表使用者及时了解企业的财务状况和经营成果。（　　）

四、简答题

1. 简述电子商务企业财务报表的作用。

2. 电子商务企业编制财务报表前应做好哪些准备工作?

学习单元二 资产负债表

一、填空题

1. 资产负债表是指反映企业在____________（月末、季末、半年末、年末）的____________的报表。

2. 资产负债表的表头包括____________、编制单位、编制日期、____________和金额单位等内容。

3. 资产负债表基本内容的格式主要有____________和____________两种。

4. 资产负债表通过设置“____________”和“____________”两栏，可反映和比较企业不同时期资产、负债和所有者权益增减变化的状况。

5. 在资产负债表中，资产和负债是按照流动性列示的。流动性通常按照资产的____________或____________长短或者负债的偿还时间长短来确定。

二、单选题

1. 编制资产负债表的理论依据是（ ）。

A. “资产 = 负债 + 所有者权益”的会计等式

B. 有借必有贷，借贷必相等

C. 全部账户借方和贷方发生额的平衡相等原理

D. “收入 – 费用 = 利润”的会计等式

2. 电子商务企业资产负债表是用来反映企业（ ）的财务报表。

A. 一定时期内的财务状况　　B. 会计期末的财务状况

C. 某一特定日期的财务状况　　D. 某一特定日期的经营状况

3. 下列选项中，属于资产负债表中“流动资产”项目的是（　　）。

A. 存货　　B. 预收款项

C. 债权投资　　D. 应付款项

4. 下列选项中，不属于资产负债表中“流动负债”项目的是（　　）。

A. 应交税费　　B. 应付职工薪酬

C. 应付债券　　D. 一年内到期的长期借款

5. 下列选项中，属于应在资产负债表中列示的项目是（　　）。

A. 其他收益　　B. 资产处置收益

C. 递延收益　　D. 利润总额

6. 下列选项中，应根据相应总账科目的余额直接在资产负债表中填列的项目是（　　）。

A. 固定资产　　B. 长期借款

C. 短期借款　　D. 应收账款

7. 下列资产负债表项目中，根据有关科目余额减去其备抵科目余额后的净额填列的是（　　）。

A. 预收账款　　B. 短期借款

C. 固定资产　　D. 长期借款

8. 下列各科目的期末余额不应在资产负债表“存货”项目列示的是（　　）。

A. 委托代销商品　　B. 发出商品

C. 库存商品　　D. 工程物资

三、判断题

1. 资产负债表主要提供有关企业财务状况方面的信息，即某一特定日期关于企业资产、负债、所有者权益及其相互关系，是企业财务报表体系中的主要报表。（　　）

2. 资产负债表中的所有者权益类按照所有者权益的不同来源和特定用途进行分类，一般按实收资本（或股本）、资本公积、盈余公积、未分配利润的顺序排列。（　　）

3. 我国资产负债表采用账户式结构，按其资产与负债的流动性大小排列，流动性大的在前面，流动性小的在后面。（　　）

4. 资产负债表中“预付账款”项目，应根据预付账款的总账余额减对应的坏账准备科目期末余额后的金额填列。（　　）

5. 资产负债表中“期末余额”项目，应根据企业月末各总账科目期末余额填列。（　　）

6.“其他应收款”项目，反映企业除应收票据、应收账款、预付账款、应收股利、应收利息等以外的其他各种应收及暂付款项。（　）

7. 企业缴纳的印花税通过“应交税费”科目核算，所以资产负债表中“应交税费”项目包括印花税。（　）

四、简答题

1. 简述电子商务企业资产负债表的作用。

2. 简述电子商务企业资产负债表可以提供的信息。

学习单元三　利润表

一、填空题

1. 利润表是指反映电子商务企业在一定会计期间的____________的报表。

2. 利润表遵循了“____________”这一会计恒等式的要求，把一定时期的收入与同一会计期间相关的费用进行配比，以计算出企业一定时期的净利润（或净亏损）。

3. 利润表的表头包括____________、____________、编制期间（某月份或某年度）、货币种类和金额单位等内容。

4. 利润表基本内容的格式主要有____________和____________两种。

5. 电子商务企业利润表至少应单独列示反映下列信息的项目：“营业收入”“营业成本”“__________”“销售费用”“管理费用”“财务费用”“__________”“净利润”。

6. 利润表中各项目都列有“____________”和“____________”两栏。

二、单选题

1. 编制利润表的理论依据是（　　）。

A. “资产 = 负债 + 所有者权益”的会计等式

B. 有借必有贷，借贷必相等

C. 全部账户借方和贷方发生额的平衡相等原理

D. “收入 – 费用 = 利润”的会计等式

2. 下列选项中，影响利润表中“营业利润”项目的是（　　）。

A. 发生的所得税费用　　B. 盘盈固定资产净收益

C. 计提固定资产减值准备　　D. 盘亏固定资产净损失

3. 下列选项中，应列入利润表中“营业收入”项目的是（　　）。

A. 出售专利权取得的净收益　　B. 接受捐赠收入

C. 出售自用房产取得的净收益　　D. 销售材料取得的收益

4. 下列选项中，不应列入利润表中“营业收入”项目的是（　　）。

A. 处置固定资产净收入　　B. 销售商品收入

C. 提供劳务收入　　D. 其他业务收入

5. 下列选项中，不应列入利润表中“营业成本”项目的是（　　）。

A. 销售商品结转的成本　　B. 对外提供劳务结转的成本

C. 在建工程领用产品的成本　　D. 投资性房地产计提的折旧额

6. 下列选项中，应列入利润表“资产减值损失”项目的是（　　）。

A. 库存现金盘亏损失　　B. 原材料盘亏损失

C. 应收账款减值损失　　D. 无形资产减值损失

三、判断题

1. 利润表“本期金额”栏反映各项目的本月实际发生额。在编报年度财务报表时，应将“本期金额”栏改为“上年金额”栏，填列上年全年实际发生额。（　　）

2. 购买商品支付货款取得的现金折扣应列入利润表“财务费用”项目。（　　）

3. 利润表是指反映电子商务企业在一定会计期间的经营成果的报表，有助于保证财务报表使用者分析企业的获利能力及盈利增长趋势，但财务报表使用者无法据此做出经济决策。（　　）

4. 电子商务企业利润表中“营业收入”项目，应根据“主营业务收入”“其他业务收入”和“营业外收入”科目的发生额分析填列。 （ ）

5. 到月末时，电子商务企业需要将所有损益类科目余额结转到“本年利润”科目中。 （ ）

四、简答题

简述电子商务企业利润表的作用。

学习单元四 现金流量表

一、填空题

1. ____________是指反映电子商务企业在一定会计期间现金流入和流出情况的报表。

2. 电子商务企业现金流量表是以现金为基础编制的，这里的“现金”是指企业的____________以及可以随时用于支付的存款和其他货币资金。

3. 企业现金流量表采用____________结构，分类反映经营活动产生的现金流量、投资活动产生的现金流量和筹资活动产生的现金流量，最后汇总反映企业某一期间现金及现金等价物的____________。

4. 电子商务企业筹资活动是指导致企业____________及____________规模和构成发生变化的活动。

5. 现金流量表“____________”栏反映各项目自年初起至报告期末止的累计实际发生额，“____________”栏反映各项目的本月实际发生额。

6. “销售商品、提供劳务收到的现金”项目，反映企业本期销售商品、提供劳务收到的现金。本项目可以根据“库存现金”“____________”和“____________”等科目的本期发生额分析填列。

二、单选题

1. 下列事项中，不影响电子商务企业现金流量的是（　　）。

A. 获得政府补助　　B. 取得长期借款

C. 以固定资产对外投资　　D. 支付物流费用

2. 好购网络科技有限公司 20×× 年度固定资产计提的折旧（　　）。

A. 应在公司投资活动的现金流量中反映

B. 应在公司筹资活动的现金流量中反映

C. 应在公司经营活动的现金流量中反映

D. 因不影响现金流量净额，所以不在上述三种活动的现金流量中反映

3. 甲公司为电子商务企业，20×× 年度有关资料如下：①“交易性金融资产”科目本期贷方发生额为 100 万元，“投资收益——转让交易性金融资产收益”贷方发生额为 5 万元；②“长期股权投资”科目本期贷方发生额为 200 万元，该项投资未计提减值准备，“投资收益——转让长期股权投资收益”贷方发生额为 6 万元。假定转让上述投资均收到现金，现金流量表中“收回投资收到的现金”项目的金额为（　　）万元。

A. 300　　B. 311

C. 305　　D. 306

4. 电子商务企业融资租入固定资产发生的租赁费应在（　　）中反映。

A. 经营活动产生的现金流量　　B. 投资活动产生的现金流量

C. 筹资活动产生的现金流量　　D. 其他补充资料

三、判断题

1. 现金流量表与资产负债表和利润表等财务报表相结合，构成一个完整的财务报表体系，分别从不同角度反映企业的财务状况、经营成果和现金流量。（　　）

2. 现金流量是指一定时期内企业的现金流入和流出量。（　　）

3. 电子商务企业经营活动是指企业投资活动和筹资活动的所有交易和事项。企业经营活动产生的现金流量应当单独列示。（　　）

4. “收到其他与经营活动有关的现金”项目，反映企业本期收到的其他与经营活动有关的现金。本项目可以根据“库存现金”和“银行存款”等科目的本期发生额分析填列。（　　）

5. “支付的税费”项目，反映企业本期支付的税费。本项目可以根据“库存现金”“银行存款”“应交税费”等科目的本期发生额填列。（　　）

四、简答题

1. 简述电子商务企业现金流量表的作用。

2. 简述电子商务企业投资活动产生的现金流量项目。